NOTICE

SUR

QUELQUES ARTICLES

NÉGLIGÉS

DANS TOUS LES DICTIONNAIRES HISTORIQUES,

ET OBSERVATIONS

SUR QUELQUES ERREURS OU OMISSIONS

Des vingt premiers volumes de la Biographie universelle,

Par Alphonse MAHUL.

PARIS,

DE L'IMPRIMERIE DE Mme HÉRISSANT LE DOUX,

IMPR. ORDINAIRE DU ROI ET DES MUSÉES ROYAUX,

RUE SAINT-MARC, N° 24.

1818.

NOTICE

Sur quelques articles négligés dans tous les Dictionnaires historiques, et Observations sur quelques erreurs ou omissions des vingt premiers volumes de la Biographie universelle.

DANS un avertissement placé en tête de leur neuvième volume, les éditeurs de la *Biographie universelle* ont fait un *appel aux lecteurs de toutes les classes et de tous les pays*, pour les inviter à *leur envoyer toutes les remarques, soit d'omissions, soit d'inexactitudes auxquelles pourra donner lieu la lecture des huit premiers volumes. On en fera usage*, ajoutent-ils, *dans un supplément qui sera publié à la suite de l'ouvrage.* Cet avis m'a engagé à recueillir quelques notes. L'intérêt qu'inspire une entreprise utile, le talent avec lequel elle est exécutée par le très-grand nombre des hommes de lettres qui y concourent, me déterminent à les publier. Les unes signalent des erreurs ou des inexactitudes; elles sont en bien petit nombre : les autres sont relatives à des articles entièrement omis, et qui par conséquent ne se trouvent dans aucun autre dictionnaire historique françois; car la *Biogra-*

phie universelle est incontestablement le plus complet que nous possédions. Il faut avouer cependant que, sous ce rapport, si important dans un ouvrage de cette nature, elle laisse encore trop à désirer. Par exemple, combien d'écrivains de l'antiquité, soit latins, soit grecs, dont il ne nous reste que des fragmens, ou des ouvrages de peu d'importance, ont été les victimes du dédain ou de la négligence des éditeurs de la *Biographie*. Chaque jour nous voyons les philologues de l'Allemagne recueillir avec soin ces précieuses parcelles, et consacrer un volume entier à les éclaircir et à les commenter, et nos biographes françois, dans leurs collections *universelles*, leur refusent la plus légère mention. Dans cette classe d'écrivains de l'antiquité en faveur desquels je réclame, je citerai ALEXANDRE ÉTOLIEN (*Ætolus*), auteur d'un poëme grec intitulé les *Muses*, dont on trouve des fragmens dans l'*Anthologie grecque* de Brunck (1); L. AMPÉLIUS, auteur d'un abrégé de l'histoire romaine, publié pour la première fois par Cl. Sanmise, dans l'édition de Florus des Elzeviers (2), et réimprimé depuis, plusieurs fois, avec ce dernier, notamment par

(1) Vol. 1, p. 418.

(2) Lugd. Batav., 1638, petit in-12.

Grævius, dans le *Florus* des *Variorum* (1), et par Maittaire dans la collection de Tonson (2); Ephippe, auteur dramatique grec, dont les fragmens ont été recueillis par Jac. Hertelius, dans les *Sententiæ comicorum* (3); et plusieurs autres écrivains de cette classe dont je n'essaierai pas de rédiger les notices, puisque les sources dans lesquelles je devrois puiser sont connues de tous les hommes instruits (4); seulement j'oserai avertir les éditeurs de la *Biographie* que de pareils articles, rédigés avec soin, deviennent plus utiles à proportion que ceux qui en sont l'objet sont moins connus. On trouve partout des notices et même des volumes sur Virgile et sur Cicéron, tandis qu'il est un grand nombre d'écrivains qui jouirent d'une grande réputation dans l'antiquité, et qui attendent encore un biographe chez les modernes. J'ai cru devoir suivre, dans la rédaction de mes notes, l'ordre alphabétique du dictionnaire.

(1) Amstelædami, 1702, in-8º.
(2) Londini, 1715, in-12.
(3) Basileæ, 1560, in-8º.
(4) Vid. Suidas; la bibliothèque de Photius; le traité de Suétone *de claris Grammaticis*; la collection des anciens historiens de Fulvius Ursinus; le catalogue des poètes épigrammatiques dans les *Animadversiones* de Jacobs, sur l'*Anthologie grecque*, etc.

Amo (*Antoine-Guillaume*). (Article omis.)

Ecrivain de race noire. Je me contente de l'indiquer, sans donner la notice de sa vie et de ses écrits, parce que je ne pourrois que répéter l'article très-intéressant et très-détaillé que lui a consacré M. Grégoire dans son ouvrage de *la Littérature des Nègres* (1).

Andrès (*Jean*). (Article de feu M. Bourgoing.)

« Il publia, dit la *Biographie universelle*, à
» Parme, en 1782, *dell' origine, progresso è
» stato attuale d'ogni Letteratura*, en 5 vol.
» gr. in-4° (tom. 2, p. 142, 2° col.). »

D'abord l'abbé Andrès n'étoit pas mort à l'époque où l'article de la *Biographie* qui le concerne fut imprimé, et c'est là une particu-

(1) Paris, 1808, in-8° ; ch. 8, p. 198-202. Parmi plusieurs écrivains étrangers que M. Grégoire se plaint avec justice de voir oubliés dans nos dictionnaires historiques, je remarque le P. Chianizzi, dominicain, dont je trouve deux ouvrages cités dans un des derniers écrits du savant évêque de Blois (*Essai sur les libertés de l'Église gallicane*, 1818, in-8°) : 1° *Giannone da Campi Elisei*, Napoli, 1791, in-8°, relatif aux discussions de la cour de Naples et de celle de Rome sur le tribut de la haquenée ; 2° *Lamenti delle Vedove, ovvero rimontranza delle vacante chieze*, etc., Filadelfia (Napoli), 1788, in-8°.

(5)

larité de plus à ajouter à sa vie. Il est décédé à Rome le 13 janvier 1817, âgé de 76 ans, ainsi qu'il est constaté dans l'inscription que lui a consacrée son confrère dans la compagnie de Jésus, M. Morcelli, et qui a été publiée dans les *Annales encyclopédiques* (1). C'est là que je renvoie, pour une foule de détails sur ce savant italien, négligés par M. Bourgoing, ainsi qu'à la courte notice qu'à la première nouvelle de sa mort lui avoit consacré M. Millin (2).

L'ouvrage d'Andrès sur la littérature a été imprimé non en 1782, mais de 1783 à 1797 : de plus, il a été réimprimé à Venise de 1783 à 1800, 22 vol. in-8°, et encore à Prato, dans le même format. Il en a été fait une traduction espagnole, en 8 vol. in-4°, par Carlos Andrès, frère de l'auteur, Madrid, Sancha, 1784-1798. On a encore du même auteur les ouvrages suivans, que la *Biographie* n'a point indiqués :

1° *Lettera al signor conte Alessandro Murari Bra, soprà il rovescio d'un medaglione del museo Bianchini, non inteso del marchese Maffei*. Mantova, 1778, in-8° de 29 pages.

2° *Dell' origine e delle vicende dell' arte*

____

(1) Tom. 6 de 1817, p. 280.

(2) Vid. *Annales encyclopédiques*, tom. 1 de 1817, p. 331.

d'insegnar a parlare ai Surdi-Muti. Vienne, 1795, in-4° de 62 pages, 2ᵉ édit. in-8° de 39 p., sans date ni nom de lieu. Les caractères et le papier indiquent que cette édition a été faite en Italie. Il est juste de remarquer que la *biographie* indique cet ouvrage dans une note de l'article de l'abbé de l'Epée.

3° *Cartas familiares a su hermano D. Carlos, con la noticia del viage a varias ciudadas de Europa,* etc. Madrid, 1794, 6 vol. in-12.

4° *Lettera al sign. abate Giacom. Morelli, sopra alcuni codici delle biblioteche capitolari di Novarra e di Vercelli.* Parma, stamper. reale, 1802, in-8°.

5° *Soprà una lapide antica.* Napoli, 1813, in-8°.

6° *De' Commentari d'Eustazio soprà Omero et di traduttori di essi,* in-4°, de 32 p., sans date ni nom de lieu.

7° *Anecdota græca et latina ex M*ˢˢ *codicibus biblioth. regiæ Neapolit. deprompta,* vol. 1. *Prodromus.* Neapoli, ex regiâ typographiâ, gr. in-4°, 1816.

Ces ouvrages, avec l'*Essai sur la philosophie de Galilée* (en italien, 1776) et un recueil d'actes diplomatiques du royaume de Naples, dont il n'a paru qu'un volume publié dans les dernières années de la vie de l'auteur, forment, je crois, la liste complète des productions littéraires d'Andrès : au reste, il me paroîtra toujours regrettable qu'un savant aussi distingué que notre Jésuite, n'ait obtenu qu'une quinzaine de lignes dans un ouvrage où il avoit des droits incontestables à occuper une place plus étendue.

BARTHÈZ (*Paul-Joseph*) (Article de MM. Chaussier et Adelon.)

Je n'ai pas la moindre observation à faire sur l'intéressante notice que deux de nos docteurs les plus instruits ont consacré au célèbre médecin de Montpellier ; je veux seulement profiter de l'occasion pour consigner ici quelques détails authentiques, sur la vie domestique et le caractère moral de Barthèz, détails qui d'ailleurs n'auroient pu trouver leur place dans un article de dictionnaire. J'ai recueilli ces particularités de la bouche de parens et d'amis de celui qu'elles concernent.

Dès l'enfance, le docteur Barthèz avoit montré un goût si vif pour la lecture, que ses parens l'envoyoient au lit sans lumière, dans la crainte que ses veilles prolongées ne vinssent à nuire à sa santé ; aussi dès qu'il avoit quelques sous à sa disposition, il les employoit à acheter des chandelles, et il avoit pris l'habitude, en lisant dans son lit, de tenir dans les mains une boule de marbre, afin que s'il venoit à s'endormir, le bruit qu'elle feroit en tombant de ses mains, le réveillât aussitôt. Il portoit à un égal degré l'amabilité dans la conservation et la bizarrerie dans le caractère; il ne pouvoit garder aucun domestique; une seule femme nommée Marie, connue de ceux qui ont fréquenté familièrement le docteur, sous le nom de la *Suisse*, est restée auprès de lui durant quarante ans, supportant ses boutades, et ayant obtenu beaucoup d'empire sur son esprit. Il étoit grand amateur de livres; vous apercevoit-il dans les mains un ouvrage curieux ou rare, il essayoit de vous le marchander. Souvent l'on étoit enchanté de trouver cette occasion de lui témoigner sa reconnoissance des services qu'on avoit reçus de lui; mais non, ce n'étoit pas en don qu'il vouloit recevoir l'ouvrage, il vouloit l'acheter et à bon marché; ordinairement ce qu'il avoit coûté. — Il tenoit singulièrement à l'agencement de sa perruque doctorale; un jour son perruquier ne l'arrangeant point à sa fantaisie, il la pose sur le bout de son pied, et la faisant pirouetter dessus, il prétend faire voir au *frater* comment il entend qu'elle soit placée; n'en pouvant venir à bout, il va se placer devant une glace, et avec le plus grand sérieux, passe un quart d'heure à la pousser de quelques lignes, tantôt à droite, tantôt à gauche, et grommelant entre ses dents, avec quelques mots énergiques : — Sans mon maudit nez, je ne serois pas mal. — Et en effet, il avoit dans les yeux beaucoup d'expression et de vivacité, et un sourire extrêmement gracieux ; mais dans tout le reste, il étoit d'une laideur parfaite. — Quand il entroit chez un malade, ses propos ordinaires étoient ceux-ci. — Il y a trop de monde…. qu'on sorte…. il y a trop de lumière…. trop d'ouvertures…. Il se faisoit rendre compte de l'état du sujet ; cela fait, il falloit l'écouter ; car alors je ne dis pas une question, mais un geste, un mouvement l'auroit presque mis en fureur ; dans ces momens on trembloit devant lui. Quand il se retiroit, si on lui demandoit : — Croyez-vous qu'il doive en guérir ? — Je n'en sais rien, étoit sa réponse habituelle. C'étoit dans les maladies extraordinaires qu'on le voyoit déployer son génie ; il sembloit qu'il se plût à triompher des obstacles proportionnés à son talent. — Une nuit, pendant qu'il travailloit, les chants d'une chouette viennent l'interrompre ; il sonne son domestique, et nonobstant quelques représentations, lui enjoint impérativement d'aller tuer l'oiseau. — Le domestique sort et tire un coup de fusil en l'air. — L'as-tu tué ? lui demande le docteur. — Oui, Monsieur. — Où est-il ? apporte-le moi…. — Je n'ai pu le trouver … vous l'aurez demain. — Non, je le veux à l'instant, cours vite me le chercher et tu ne rentreras qu'avec l'oiseau dans les mains. — Il avoit la manie de dire qu'il ne soupoit pas; encore qu'il mangeât assez copieusement le soir, sans faire cependant un repas en règle. Après son dîné, il étoit dans l'usage de mâcher les chairs blanches d'une volaille, pour en sucer la substance en rejettant la partie fibreuse. — Dans ses momens de crise, il disoit des duretés à ses meilleurs amis et même à ses frères; rentré en lui-même, il n'en pouvoit dormir d'inquiétude et de chagrin, et dès le lendemain matin, il commençoit à députer cette Marie dont nous avons parlé plus haut, pour préparer les voies à la réconciliation. — Mais, Monsieur, disoit Marie, que voulez-vous que je dise; c'est toujours la même chose; ne savez-vous pas retenir votre langue? — Tu diras ce que tu voudras, va toujours. — Et Marie partoit, tout en lui faisant une verte mercuriale; il arrivoit lui-même quelques instans après, et avec un talent tout particulier, il savoit vous faire comprendre combien il étoit fâché de vous avoir offensé, et s'excuser avec autant de noblesse que de sensibilité. — Toute sa vie il avoit été du nombre de ceux qui se rient du platonisme en amour; ce ne fut qu'après avoir dépassé sa soixantième année, que se trouvant retiré à Carcassonne, durant la révolution, il conçut une passion violente pour une demoiselle d'une famille noble de cette ville, et plia devant elle ce caractère que l'étude avoit nourri et fortifié dans son âpreté naturelle. Il avoit désiré vivement d'épouser cette personne; mais diverses circonstances s'opposèrent à cette union. Peu après, pendant les dernières années de sa vie, il éprouva cruellement l'isolement du célibat. Paris, disoit-il quelques fois, Paris est une ville détestable, où je veux vivre et mourir : la dernière partie de ce vœu fut exaucée; mais quelques temps avant sa mort, il perdit cette Marie, qui depuis si long-temps supportoit ses bourrasques, par l'intermédiaire de laquelle on parvenoit à lui, et qui, avec un peu d'adresse, savoit faire de lui tout ce qu'il lui plaisoit. Elle mourut à ce qu'elle prétendit elle-même (ce qui cependant ne doit pas être pris à la lettre), par suite des bouleversemens que les violences du docteur avoient opérés dans son sang. Elle se refusa d'ailleurs à prendre aucun des remèdes qu'il lui prescrivit et le trompoit à cet égard par des moyens qui n'auroient pas abusé un enfant. Depuis la mort de Marie , il prit un grand nombre de domestiques et se vit successivement abandonné par eux, par suite des difficultés de son caractère. Il avoit dit souvent qu'il ne craignoit que deux maladies, la pierre et un ulcère; il fut attaqué précisément de l'une et de l'autre; il se refusa à l'opération, souffrit les plus vives douleurs, et se vit plus d'une fois dans sa dernière maladie, isolé sous les lambris dorés qu'il habitoit. — Son père qui étoit un homme fort instruit, parvenu à l'âge de quatre-vingt-seize ans, refusa de prendre aucune nourriture, pour ne pas survivre à sa seconde femme qui venoit de mourir âgée de quatre-vingt-quatorze ans. Il vécut encore à cet âge trente-six jours, ne buvant que de l'eau. C'est lui qui est l'auteur du *Mémoire sur les moyens d'améliorer l'économie rurale du Languedoc*, qu'Ersch attribue faussement à Barthèz Marmorieres. Les quatre frères du docteur Barthèz dont aucun n'existe plus aujourd'hui, sont tous parvenus à un âge avancé, et se sont plus ou moins distingués chacun dans sa carrière.

J'apprends à l'instant que M. Lordat, professeur de physiologie à l'école de Montpellier, légataire des papiers de Barthèz, et à qui l'on doit déjà ses *Consultations*, 2 vol. *in-8°*, se dispose à publier une *Histoire médicale*, du maître illustre dont il fut l'un des plus honorables disciples.

BARTHÈZ-MARMORIÈRE (1) (*A.*) (Article omis.), frère du précédent.

La *Biographie universelle*, prononce son nom à la fin de l'article de son frère, pour dire qu'il fut l'éditeur de l'ouvrage posthume de Paul-Joseph, intitulé *Théorie du beau dans la nature et les arts*, Paris, 1807. *in-8°*. On pou-

(1) Ainsi nommé du village de Marmorière, aux environs de Narbonne, dont il avoit été seigneur.

voit ajouter qu'il a placé en tête une vie de son frère. Quoique sa famille fut originaire et même habitante de Narbonne, Barthèz-Marmorière, naquit à Sait-Gall en Suisse ; il fut successivement colonel au régiment suisse de Bachmann, secrétaire du comte d'Artois et gouverneur de ses pages. Il émigra avec ce prince dès 1789, et en 1793 passa au service du roi de Sardaigne. Il avoit commencé par être secrétaire d'ambassade de l'envoyé françois en Suisse, M. de Beauteville. C'est en cette qualité qu'il eut avec J. J. Rousseau les relations dont celui-ci fait mention dans le dernier livre de ses *Confessions*. En 1800, il rentra dans la diplomatie et fut employé à Berne, dans le bureau des affaires étrangères ; il revint en France à la faveur de l'amnistie de 1801, et mourut à Paris quelques années après. Il étoit membre des sociétés économiques de Berne, Lucerne et Bâle, et correspondant de l'académie des sciences, inscriptions et belles-lettres de Toulouse. On trouve la liste de ses ouvrages dans la *France littéraire* de M. Ersch (1) ; plusieurs furent imprimés en Suisse. Le dernier, intitulé *Elnathan, ou les Âges de l'homme, traduit du chaldéen,* (c'est une fiction), *Paris, Crapelet,* 1801 (an IX), 3 vol. *in-8°,* a été analysé dans le *Magasin en-*

(1) Tome 1, p. 50, et supplément, t. 1, p. 27.

cyclopédique (1); il manque à la liste de M. Ersch pour être complète, l'ouvrage suivant; *la Mor de Louis XVI*, *tragédie* (en vers), Neuf châtel, 1795.

BARUTEL (*Thomas-Bernard*). (Article omis.)

Religieux dominicain, et professeur de théologie à l'université de Toulouse, mourut dans cette ville au commencement de la révolution. On a de lui : *Sermons*, *panégyriques et discours*, Toulouse, Desclassan, 1788. 3 vol. gr. in-12. Cet auteur est omis dans la *France littéraire*.

BASILE (*Saint*). (Article omis.)

Basile étoit prêtre de l'église d'Ancyre en Galatie; il assista, à ce qu'on croit, à un concile de Jérusalem en 325 ; il fut martyrisé sous Julien en 362. On peut consulter sur lui, les *Acta sanctorum* des Bollandistes (2). On y trouvera les actes de ce martyr, imprimés d'après un manuscrit grec de la bibliothèque du Vatican, n° 655. Baillet, qui, ainsi que les Bollandistes, place sa fête au 22 mars, lui a consacré un article étendu (3), voici un passage de ce

(1) Tom. 6, septième année, p. 269.
(2) Tom. 3 de mars, p. 379.
(3) *Vies des Saints*, tom. 1, p. 289-92, édit. in-fol.

qu'il dit sur les sources de son histoire, dans la *table critique des auteurs et des actes* du mois de mars (1). « Ses actes (de Saint-Ba-
» sile) donnés en grec et en latin par Hensche-
» nius, puis en latin par D. Thierry, sont jugés
» anciens et sincères. Henschenius les tient ori-
» ginaux et les croit même de ceux qui furent
» témoins de son martyre. Il est néanmoins
» difficile de se persuader qu'on n'ait pas étendu
» les discours du saint qui paroissent étudiés. »
Un long article lui est consacré dans les *Vies des Saints de Mesenguy* (2) et dans l'abrégé de ce même ouvrage (3); Tillemont fait mention de lui dans son *Histoire ecclésiastique* (4).

BESSE (*Guillaume*). Article omis.)

On a de lui les trois ouvrages suivans :

1° *Histoire des Comtes de Carcassonne, autrement appelés Princes des Goths, Ducs de Septimanie, et Marquis de Gothie, par G. Besse, citoyen de Carcassonne ; Béziers, Arnaud Estradier;* 1645, 1 vol. petit in-4°, *dédié aux États généraux (Sic.) de la province de Lan-*

(1 Tom 1, p. 15 de la table.
(2) Paris, G. Desprez, 1722, in-fol.; 1re partie, p. 358-61.
(3) In-12.
(4) Tom. 7.

guedoc. Cette histoire est peu de chose, dit le P. Le Long. (1) Il en existe un exemplaire dans la bibliothèque de M. Millin.

2° *Histoire des Ducs, Marquis et Comtes de Narbonne, autrement appelés Princes des Goths, etc.* (comme ci - dessus), *avec les preuves, Paris, Sommaville,* 1 vol. in-4°, 1ere édit. 1657, 2e, 1660. Cette histoire commence à l'an 767 et finit en 1507. Après en avoir donné l'analyse, voici le jugement qu'en porte le P. Le Long : « L'auteur s'attache plus particulière- » ment à l'histoire des seigneurs qu'à celle de la » ville de Narbonne..... Cette histoire n'est pas » exacte, l'auteur ayant voulu trop faire sa cour » à l'archevêque de Narbonne, qui n'a jamais été » duc de cette ville ; il y a cependant de très- » bonnes choses, et l'auteur étoit savant dans les » antiquités du pays.... ». On trouve à la fin les actes qui servent de preuves à cette histoire (2).

3° *Recueil de diverses pièces servant à l'Histoire du roi Charles VI. Paris, Sommaville,* 1660, 1 vol. in-4° dédié à M. de Fouquet, mi-

(1) *Bibliothèque historique de la France,* contenant le catalogue des ouvrages imprimés et manuscrits qui traitent de l'histoire de ce Royaume, par J. Le Long, nouvelle édition, augmentée par Fevret de Fontete. Paris, 1768-78, 5 vol. in-fol., t. 3, n° 37, 810.

(2) *Bibliothèque historique de la France,* t. 3.

nistre d'état. « L'éditeur, dit Lenglet-Dufresnoy, vante ces pièces comme originales, quoiqu'elles eussent déjà été imprimées pour la plus grande partie(1); elles regardent principalement le Languedoc(2). » Lenglet cite aussi les deux ouvrages précédens (3).

CALAGES (*Marie de Pech*).(Article de Mme de Vannoz.)

« Le plus important de ses ouvrages est le
» Poëme de Judith, en *huit livres*, qu'elle com-
» posa dans sa jeunesse, et qui ne fut *publié*
» *qu'après sa mort. L'éditeur (Mlle l'Héritier*
» *de Villandon*), le dédia à la reine *Anne* d'Au-
» triche, *alors régente.* » (4)

Il y a beaucoup d'erreurs dans ce court passage. C'est bien véritablement en 1660 que parut le Poëme de *Judith*, mais Mlle de Calages vivoit encore, et elle fut elle-même l'éditeur de son ouvrage ; c'est elle qui, dans une épître signée de son nom, le dédia à la reine *Marie-Thérèse* d'Autriche (et non Anne), en la complimentant

(1) *Méthode pour étudier l'histoire*, avec un catalogue des principaux historiens. Paris, 1729, Suppl., 1740, 6 vol. in-4°, t. 4, p. 51.
(2) *Biblioth. hist.*, t. 3, p. 38, n° 37, 807.
(3) Tom. 4, p. 183.
(4) *Biographie universelle*, t. 6, p. 496.

sur son mariage avec Louis XIV, qui venoit d'avoir lieu précisément cette même année, ainsi qu'on le voit dans l'épître dédicatoire. D'ailleurs cette Anne d'Autriche qu'on fait régente en 1660, ne l'étoit plus depuis 1651, époque où le roi avoit déclaré sa majorité : enfin le Poëme de Judith n'est point divisé en *livres*, mais en *parties*, et il en contient *neuf* et non *huit*. Voici le titre exact de cet ouvrage, qui n'a point été donné dans l'article de la *Biographie*. Je le prends sur l'exemplaire de la Bibliothèque du Roi, n° 5060 Y. *Judith ou la Délivrance de Béthulie, poëme saint, par mademoiselle de* CALAGES, *Tolose, Arnaud Colomiez, 1660, in-4°.*

Ce n'est pas tout encore ; dans le même article de la *Biographie*, on a cité deux prétendus morceaux du Poëme de Mlle de Calages. Le premier, pag. 497, colonn. 1re, contenant dix – sept vers dont le premier est :

Elle touche et cent fois elle arrose de larmes....

et le dernier :

Exhala dans ses bras son âme fugitive.

Je dois avouer que toutes mes recherches pour trouver ce morceau ont été infructueuses. J'ai été plus heureux à l'égard du second morceau, cité au même endroit ; je vais le reproduire, pour le mettre à côté du véritable texte, afin qu'on puisse

juger jusqu'à quel point l'on s'est permis de l'al-
térer.

Texte de la Biographie.

Son courage redouble, un feu divin l'embrase;
Ce n'est plus cet objet dont le charme vainqueur
Du farouche Holopherne avoit séduit le cœur;
Sa démarche et ses traits n'ont rien d'une mortelle;
Une sombre fureur en ses yeux étincelle;
Ses cheveux sur son front semblent se hérisser;
Un pouvoir inconnu la force d'avancer;
Elle voit sur le lit la redoutable épée
Qui dans le sang hébreu devoit être trempée;
Elle hâte ses pas et prend entre *ses mains*
Ce fer victorieux, la terreur des *humains,*
Observe avec horreur *ce conquérant du monde,*
S'applaudit en voyant son *ivresse profonde;*
Puis soulève le *fer,* l'arrache du fourreau,
Et, le cœur enflammé par un *transport* nouveau,
Croit entendre la voix du ciel qui l'encourage:
Tu le veux, *Dieu* puissant, *achève ton ouvrage;*
Elle dit, et d'un bras par Dieu même affermi,
Frappe d'un fer tranchant son superbe ennemi.

Texte de l'original (9ᵉ partie, p. 130-131).

Cependant elle croit que les ordres de Dieu
Doivent s'exécuter par sa main en ce lieu;
Et sans examiner le péril de sa fuite,
Elle abandonne au ciel le soin de sa conduite,
Et le pressant encore avec d'ardens soupirs
D'accomplir sa promesse ainsi que ses désirs;
Elle voit sur le lit la redoutable épée
Qui dans le sang hébreu devoit être trempée.

Je vois, je vois, dit-elle, arbitre des *humains*,
Ce que tu me promis de mettre dans *mes mains* ;
Puis *observant* de près *ce conquérant du monde*,
Et le voyant dormir d'une *ivresse profonde*,
Elle saisit ce fer, et le mettant à nu,
Se sent grossir le cœur d'un *transport* inconnu :
Dieu d'Israël, dit-elle, *achève ton ouvrage !*
Là, d'un robuste bras et d'un mâle courage,
Elle enlève la vie à ce prince pervers,
La terreur des Hébreux et de tout l'univers.

Au reste, ce n'est pas à Mme de Vannoz qu'on peut reprocher et ces erreurs et ces innocentes falsifications ; dans tout cela, elle n'a d'autre tort que d'avoir accordé trop légèrement sa confiance à l'auteur de l'*Influence des femmes sur la Littérature françoise* (1), où elle a puisé tout son article.

CLARKE (*Jean*). (Article omis.)

On trouve dans le tome 8 de la *Biographie universelle*, plusieurs Clarke (Jean), mais il manque celui pour l'article duquel je vais rassembler des matériaux.

Jean Clarke étoit principal du collége de la ville de Hull dans l'Yorkshire. On a de lui : *Introduction à la Syntaxe latine pour apprendre aisément à composer en latin.* Cet ouvrage, destiné aux écoles angloises, a dû être écrit dans la

______

(1) Paris, Cellot, 1811.

langue de cette nation ; je n'ai sous les yeux qu'une traduction qu'en a donné M. de Wailly, *Paris, Barbou frères,* 1797, in-12. Voici l'extrait d'un passage sur cet auteur, qu'on trouve dans un *Mémoire sur les diverses méthodes d'apprendre les langues, par J. Félicissime Adry, ancien bibliothécaire de l'Oratoire,* mémoire que M. Noël a inséré dans son édition des *Œuvres de Radonvilliers.* (1) « Un des compatriotes de Loke,
» Jean Clarke, principal du collége de Hull......
» dont l'ouvrage intitulé : *Introduction à la Syn-*
» *taxe,* etc. a eu plusieurs éditions, tant en an-
» glois qu'en françois.... C'est comme un canevas
» et une matière de thêmes ébauchés.... Ce travail
» est très - commode pour les maîtres..... Il faut
» supposer que ce livre a encore d'autres avan-
» tages, puisqu'on le réimprime encore actuelle-
» ment, et sans doute sa célébrité ne vient pas
» uniquement de ce qu'on auroit pu confondre
» ce Jean Clarke, avec le célèbre Samuel Clarke...
» Nous ignorons même si ce Jean Clarke, *dont*
» *les dictionnaires historiques ne font aucune*
» *mention,* se bornoit uniquement à la méthode
» des thêmes, etc. etc. »
On trouve dans le *Catalogus impressorum librorum bibliothecæ Bodlejanæ, in Academiâ*

_____

(1) Paris, 180 ; 3 vol. in-8°, t. 1, p. 226-227.

Oxoniensi, curá et oper. Thomæ Hyde è coll. Regine Oxon. Protobibliothecarii, Oxonii, è Theatro Sheldoniano. (1) Les indications suivantes :

John Clark. — *A Method of Prayer, with matter and forms out of scripture, and a Praxis upon the Holy Oyle, shewing the use of scripture Phrases. Lond.* 1634, in-8° c. 244 Th.

Treatise about the comfort which gods children have en this world. Lond. 1670, in-8° R. 123 Th.

Transitionum Rhetoricarum Formulæ. Lond. 1628, in-8° G. 78.

On trouve aussi dans le *Catalogue des Livres imprimés de la Bibliothèque du Roi* (de France) cet autre ouvrage de Jean Clarke (2).

Hortus Oratorius, seu formulæ Oratoriæ in usum scholarum concinnatæ ; accessit Dux poëticus, autore Joan. Clark. Editio nona. Francofurti, typis Kempferianis. 1663, in-12.

La parité des noms et prénoms et même l'analogie des matières, autorise à attribuer ces divers ouvrages au même auteur.

(1) In-fol., p. 164.

(2) Vid. *Belles-lettres*, t. 1, n° 21, 178, X, p. 134.

Cloots (*Anacharsis*).(Article de M. Beaulieu.)

« Clootz, dit la *Biographie universelle*, a
» publié les ouvrages suivans : » (1) L'auteur de
l'article en compte dix. J'ai découvert les titres
de plusieurs autres, et je les donne d'autant plus
volontiers, que l'article de Clootz est tout-à-fait
incomplet dans la *France littéraire* de M. Ersch.

*Appel au genre humain par Anach. Clootz,
représentant du peuple sauveur. Paris, fri-
maire, l'an 2 de la république, une, indivi-
sible et impérissable.* Broch. in-8°. C'est de son
expulsion du club des Jacobins, que l'auteur
appelle au genre humain dans ce pamphlet ; il
y donne le titre suivant d'une autre de ses bro-
chures: *Appel aux sans culottes Bataves.*

Le *Catalogue des Livres* (de feu Delisle de
Salles) *concernant l'Histoire de France, et plus
particulièrement pendant la révolution de 1789
à 1811* (2), indique les ouvrages qui suivent :
(je ne prends les titres que de ceux qui ne sont
point mentionnés dans la *Biographie.*)

N° 19........ *Discours divers.........* *Etrennes
de l'Orateur du genre humain aux Cosmopo-
lites,* 1793, in-8°.

(1) Tom. 9, p. 121, col. 1re.
(2) Paris, Testu, 1815, in-8°

N° 351. *Les Bataves opprimés, aux François libérateurs, par Anach. Clootz. Décembre 1792, in-8°.*

N° 653. *Motion au club des Jacobins contre la Constitution civile du Clergé, Paris, 1790, in-8°.*

Le même Catalogue, 2e partie, 1818, in-8°, lui donne, sous le n° 35, un ouvrage intitulé : *Diplomatie révolutionnaire.*

Parmi le petit nombre de ses ouvrages que cite la *France littéraire*, voici le seul qui ne soit point indiqué dans la *Biographie universelle. Motion* (que le roi n'habite point ailleurs qu'à Paris), 1790, in-8° (1).

Eustache (*Saint*). (Article omis.)

Il est assez singulier que les éditeurs de la *Biographie universelle* aient négligé le nom du patron de l'une des principales églises de la capitale de la France, où s'imprime leur recueil ; pareil oubli ne seroit point arrivé dans une ville d'Italie, pays où les antiquités ecclésiastiques, sont une des branches les plus cultivées de l'érudition. Eustache, Eustoche, ou Eusthate est honoré par l'Eglise Romaine le vingtième jour du mois de septembre. Elle lui associe sa femme

____

(1) *France littéraire*, t. 1, p. 305. Aucun des ouvrages que nous venons de citer ne s'y trouve indiqué.

Tatiane, et ses deux fils, Agape (ou Agapit) et Théopiste, qui furent les compagnons de son martyre, arrivé au commencement de la persécution de l'empereur Adrien, et du deuxième siècle. Il est aussi honoré le même jour par les Grecs et les Moscovites. Les actes de ce Saint furent publiés en grec par le P. Combéfis. Paris, 1660, et mis en françois la même année par le P. Le Sueur. Avant ces deux dominicains, on n'avoit que ceux de Métaphraste. Un grand nombre d'auteurs les regardent comme fabriqués et romanesques ; c'est aussi l'opinion de Baillet, de qui sont tirés la plupart de ces détails ; il avoue néanmoins que son culte est célébré dans l'église (1).

GALANT (*Jean*). (Article omis.)

Naquit à Toulouse en 1575. Il embrassa la profession d'avocat et fut élu *Mainteneur* de l'Académie des Jeux floraux, à l'âge de trente-cinq ans, après avoir remporté tous les prix, notam-

(1) Vid. *Vies des Saints*, édit. in-fol., t. 3, 20 septembre, p. 251-53 ; et *Table critique des Auteurs et des Actes*, p. 24, col. 2. — *Acta Sanctorum* des BOLLANDISTES, t. 6 de septembre, p. 106-137. On y trouve ses actes originaux en grec et en latin. — *Vie des Saints*, par MESENGUY, in-fol., 2e partie, p. 297 (20 septembre), et dans l'*Abrégé*, in-12. —TILLEMONT, *Histoire ecclésiastique*, t. 2.

ment celui du *Chant royal*, espèce de poésie alors usitée, et dans laquelle il se distingua. Le nouveau Mainteneur adressa à ses confrères un remerciement en vers et leur communiqua ensuite quelques fragmens d'une traduction de l'*Enéide*. L'on n'en a trouvé dans ses papiers que le premier livre. Dans la suite, il donna sur le théâtre de Toulouse, une tragédie intitulée : *Phalonte*. Galant mourut à Toulouse en 1615. Ses *Œuvres* ont été publiées par les soins de son frère. Elles renferment plusieurs pièces de vers parmi lesquelles celle qui est intitulée : *La Destinée d'une robe de satin blanc*, et une *Ode à la rose*, sont les plus remarquables. On y trouve de la naïveté. En tête du volume sont placées plusieurs poésies consacrées à la mémoire de l'auteur, par Ciron et Michel de Solargues, poètes toulousains.

GAMELIN (*Jacques*). (Article omis.)

Né le 5 octobre 1739, reçu professeur à l'Académie de Saint-Luc de Rome en août 1769, agrégé à l'Académie de peintures, sculpture et architecture de Toulouse en 1774, directeur de l'Académie de Montpellier en 1776, mort à Carcassonne le 12 octobre 1803, professeur de dessin à l'Ecole centrale de l'Aude. Il a publié : *Nouveau Recueil d'Ostéologie et de Myologie, dessiné d'après nature, pour l'utilité des sciences*

*et des arts, divisé en deux parties. Toulouse,
Desclassan,* 1779, 1 vol. gr. in-fol., contenant
soixante-onze figures et onze vignettes ou culs-
de-lampes. Les gravures sont signées Lavallée
ou Martin ; celles du dernier sont à l'eau-forte
et assez bien exécutées ; celles de Lavallée sont à
la manière du crayon, mais presque toutes d'une
exécution grossière. Le texte est à deux colonnes,
latin et françois. En tête de l'ouvrage est placé le
portrait de M. Marcassus de Puymaurin, père du
directeur actuel de la monnoie des médailles, avec
une épître dédicatoire de l'auteur qui lui devoit
le bienfait de son éducation. Depuis Nîmes, jusqu'à Perpignan et jusqu'à Toulouse, les églises,
les musées, les cabinets et les édifices publics du
Languedoc sont remplis des ouvrages de Gamelin ; dans tous on remarque une touche hardie et
une grande fougue d'imagination ; mais ils sont
déparés par un coloris sale et verdâtre, et par
beaucoup d'incorrections dans le dessin, ce qui
doit être attribué en grande partie, à la préci-
pitation que le besoin commandoit à l'artiste
d'apporter dans ses travaux. Un éloge de Gamelin
fut prononcé, le 24 octobre de l'année de sa
mort, par M. Coumes, professeur de grammaire
générale à Carcassonne, dans la salle du Musée
de cette ville, où sont exposés plusieurs tableaux
de ce peintre ; cet éloge n'a pas été imprimé,

mais on trouve une courte notice sur Gamelin, dans des *Annales de la ville et diocèse de Carcassonne, par Pierre VIGUERIE. Carcassonne*, an 13 (1805), tom. 1, in-4°. (1) M. Fournier indique le *Récueil d'Ostéologie*, etc. dans son *Dictionnaire de Bibliographie* (2), et lui assigne même une valeur de 24 fr. Gamelin est du nombre des auteurs dont le nom et les ouvrages se trouvent omis dans la *France littéraire* de M. Ersch.

PASTORET (*François*.)

Il naquit à Callian, petite ville du département des Basses-Alpes. Destiné de bonne heure à l'état ecclésiastique, ses études furent dirigées vers le but que se proposoit sa famille. Le jeune Pastoret utilisa les sacrifices qu'imposèrent à des parens respectables, mais peu aisés, les soins de son éducation. D'heureuses dispositions soutenues par beaucoup d'assiduité au travail, lui eurent bientôt rendues familières les littératures latines et françoises. Doué d'ailleurs de beaucoup d'imagination et d'une très-grande facilité, Pastoret pouvoit se promettre des succès dans la carrière des lettres, lorsque la volonté de ses parens lui fit prendre l'habit monastique chez les capucins.

____

(1) La publication de cet ouvrage, qui devoit avoir 3 volumes, a été interrompue par la mort de l'auteur.

(2) 2e édit., mai 1809, in-8°.

La rigidité du noviciat ne tarda pas à lui révéler son inaptitude à la vie du cloître, et les premiers ordres le convainquirent entièrement qu'il manquoit de vocation, en conséquence, il sollicita d'être délié de ses vœux, et le cardinal de Bernis alors ambassadeur de France à Rome, parvint à faire rendre à la société le jeune novice de Saint-François. Pastoret se consacra dès-lors à l'éducation de la jeunesse ; il a parcouru cette carrière honorable avec beaucoup de succès ; divers ouvrages en prose et en vers furent les fruits des loisirs qu'elle lui laissa ; deux seulement ont vu le jour, savoir : 1° *Oetius*, tragédie *de Métastase, traduite en vers et adaptée à la scène françoise, avec le texte italien ; Montauban Cazamea,* 1787. *La France littéraire de M. Ersch*, cite cet ouvrage (1), mais c'est par erreur qu'elle l'attribue à M. de Pastoret fils. 2° *La Mort de Socrate*, tragédie *en cinq actes, Montauban, Vincent Teulières,* 1789 (2). Plusieurs autres ouvrages sont restés dans le porte-feuille de cet homme laborieux et fécond, savoir : *Le Faux Démétrius, Cora, Balthazard, David,* tragédies ; *Joseph, le Triomphe de Jupiter,* drames ; *Hercule et*

(1) Supplément, t. 1, p. 363. Vid. aussi l'*Almanach des Muses de* 1788, p. 298.

(2) Il en existe un exemplaire dans la riche collection dramatique de M. de Soleines.

Omphale, opéra. Il avoit composé un nombre considérable d'*Odes*, dont quelques-unes en vers latins; il avoit traduit le *Pastor Fido*, de Guarini, et le poëme de Lucrèce *de Naturâ rerum;* il a imprimé quelques vers de cette dernière traduction dans la préface de son Socrate. Il paroît qu'il avoit adopté les principes des philosophes de son siècle, d'après un de ses ouvrages en prose et en vers, intitulé : *Concile œcuménique, ou assemblée de tous les peuples de la terre, pour le choix d'une religion, rêve.* Il étoit membre du musée de Toulouse (1).

RAYNAL (*Jean*).

Né à Toulouse en 1723, fut reçu avocat au parlement de cette ville, y devint capitoul, et subdélégué de l'intendant du Languedoc. En 1772 il fut envoyé à Paris pour présenter au Roi le cahier des états de cette province; il fut membre et devint le doyen de l'académie des sciences,

(1) Cette notice m'a été communiquée par M. L. A. VAISSE, avocat à Toulouse, qui cultive avec autant de zèle que de goût la bibliographie et l'histoire littéraire; il tient ces détails de la bouche d'un des anciens élèves de F. Pastoret : cette personne ignore la date de sa mort; mais l'âge déjà avancé qu'il avoit atteint avant la révolution ne lui permet pas de douter qu'il n'ait payé à la nature le fatal et inévitable tribut.

inscriptions et belles-lettres de sa ville natale.
Il mourut le 28 juillet 1807, au village d'Ar-
gelliers, département de l'Aude, où il s'étoit retiré depuis la révolution. Malgré la parfaite con-
formité de nom , il n'existe aucune parenté
entre sa famille et celle de l'auteur de *l'Histoire
philosophique des Deux Indes*. On a de notre
Raynal : *Histoire de la ville de Toulouse, avec
une notice des hommes illustres ; une suite
chronologique et historique des évêques et ar-
chevêques , et une table générale des capitouls
depuis la réunion du comté de Toulouse à la
couronne jusqu'à présent. Toulouse. François
Forest,* 1759, *in-4°*. Cet ouvrage est cité dans la
Bibliothèque historique de la France du P. le
Long (1). On peut consulter aussi une *lettre
critique aux auteurs du journal des savans ,
sur la nouvelle histoire de Toulouse de M. Raynal* (2), citée sous le numéro suivant. Cet auteur
est omis dans la *France littéraire.*

Vic (*Gérard de*).

Il étoit fils de noble Jean de Vic, seigneur
de Padern, lieu situé dans les montagnes, entre
Narbonne et Perpignan. Il fit ses études dans
l'université de Toulouse, où il reçut le bonnet

(1) N° 37775, édit. de Fevret de Fontete.
(2) *Journal des Savans ,* décembre 1760, p. 791.

de docteur ; après avoir été curé pendant trente-huit ans, il devint chanoine de l'église cathédrale de Carcassonne, et mourut âgé de quatre-vingts ans (1). Il fut enterré dans l'une des chapelles latérales de l'église de Carcassonne, où l'on lit encore l'inscription suivante, gravée en lettres d'or sur un marbre noir, au - dessus de sa tombe. A. CIꓛ. Iꓛ. C. LXIV. KAL. JAN. — D. O. M. — SISTE, VIATOR ET LEGE. — GERARDUS. DE. VIC. PRESBYTER. — I. V. D. — CANONICUS. HUJUS. ECCLESIÆ. — DEPOSITO. MORTALI. — HIC. EXPECTAT. IMMORTALE. — IPSEMET. SIBI. SCRIPSIT. ET. POSUIT (2).

On a de lui : *Chronicon Historicum Episco-*

(1) Vid. *Histoire ecclésiastique et civile de la ville et du diocèse de Carcassonne,* par le P. BOUGES. Paris, 1741, in-4°, p. 443.

(2) Je possède une gravure qui représente l'armorial de la famille de Vic ; en voici la description : Trois tours sur un fond ouvert, au milieu desquelles un quinquonce à champ d'azur, sur lequel est une croix de Malte d'argent. L'écusson est supporté par deux levriers et surmonté par un troisième qui s'élève au-dessus d'une armure de tête, gothique, et de plusieurs arabesques. Au bas de la gravure on lit :

Te media stabunt (a), ablata, ut pulvis abibunt;
Hæc, VICana domus statve, ruitve fide.

(a) Il s'agit de la croix placée au milieu des tours.

*rum et rerum memorabilium Ecclesiæ Carcas-
sonnensis, auctore Geràrdo de Vic, presby-
tero canonico, typographiá Salvii; in-fol.* « Il
» travailla, dit le P. Bouges (*loc. supr. cit.*), sur
» les mémoires de Bernard d'Estellat (1), son
» confrère, *dont il donna* au public en 1667 une
» partie de *ses* recherches sous le titre de *Chro-*
» *nicon,* etc. , qui furent imprimées aux frais
» de Louis de Nogaret, alors évêque de Carcas-
» sonne. » L'auteur, selon M. Lancelot, qui a exa-
miné cette chronique, ne paroît pas fort exact (2).

P. S. Je lis dans la *Quinzaine littéraire* (n° 12,

(1) *Bernard* d'Estellat (et non d'*Estillat*, comme
l'écrit par erreur la *Bibliothèque historique de la
France*) a fait un *Indiculus* des évêques de Carcassonne,
qui est cité dans la chronique de l'abbaye de la Grasse,
et par tous les historiens de Carcassonne. Ce travail est
resté manuscrit.

(2) *Biblioth. hist. de la France,* t. 1. L'ouvrage de
Gérard de Vic est encore cité par Lenglet-Dufresnoy, *
Méthode pour étudier l'Histoire ;* par les auteurs de
l'*Histoire générale du Languedoc,* et par ceux du *Gallia
christiana,* ainsi que par les Bollandistes (t. 1 de juin,
p. 291); mais le nom de son auteur a été négligé, soit
par *Moréri,* soit par le P. Richard (*Dictionnaire des
Sciences ecclésiastiques,* Paris, 1760, 6 vol. in-fol.) :
son ouvrage doit s'être peu répandu hors du Languedoc ;
car il n'existe pas dans les bibliothèques publiques de
Paris, sans en excepter la bibliothèque du Roi.

15 décembre 1817, p. 418) le passage suivant, extrait d'un article sur la *Biographie universelle*, signé DE M. N. (*De Montmeyan.*)

« On a oublié entre autres (dans la *Biographie*) deux théologiens anglois dont les ouvrages ont conservé de la réputation, et sont cités par d'autres écrivains de leur pays : l'un s'appeloit HOOKER ; il est surtout connu par un ouvrage intitulé, *Ecclésiastical Policy*, dont Loke rapporte plusieurs passages avec éloge, dans son livre *du Gouvernement civil* (1). L'autre théologien anglois, également oublié, s'appeloit HOWE ; il a laissé un assez grand nombre d'ouvrages, dont on peut avoir la liste dans le dictionnaire de Chauffepié. Le plus connu est un discours intitulé *Living Temple*, où l'auteur établit que l'homme vertueux est le *Temple vivant* de la divinité. Ce discours et un second qu'il fit sur le même sujet pour défendre le premier et réfuter Spinosa, se trouvent cités dans le *Cours de lecture* de Doddrige. »

(1) Vid. sur HOOKER, *the universal Biography*. On pourroit à ces deux omissions en ajouter une troisième. Le philosophe HÉRILLE, dont Diogène-Laërce fait mention, et qui est connu pour avoir placé le bonheur dans la science, méritoit une petite place dans la *Biographie*.